PRODUCTION TITLE ————————————————————

PRODUCTION COMPANY ————————————————————

DIRECTOR ————————————————————

DATE ————————————————————

SCRIPT PAGE _____

SCENE _____

LOCATION _____

_____

CHARACTERS _____

_____

_____

_____

SHOT NO	FRAME SIZE	ANGLE	LENS	INT/ EXT	TIME OF DAY	ACTION DESCRIPTION	
							☐
							☐
							☐
							☐
							☐
							☐
							☐
							☐
							☐
							☐
							☐
							☐
							☐
							☐
							☐
							☐
							☐
							☐
							☐

SCRIPT PAGE _____

SCENE _____

LOCATION _____

_____

CHARACTERS _____

_____

_____

_____

SHOT NO	FRAME SIZE	ANGLE	LENS	INT/ EXT	TIME OF DAY	ACTION DESCRIPTION	
							☐
							☐
							☐
							☐
							☐
							☐
							☐
							☐
							☐
							☐
							☐
							☐
							☐
							☐
							☐
							☐
							☐
							☐
							☐

SCRIPT PAGE _____

SCENE _____

LOCATION _____

_____

CHARACTERS _____

_____

_____

_____

SHOT NO	FRAME SIZE	ANGLE	LENS	INT/ EXT	TIME OF DAY	ACTION DESCRIPTION	
							☐
							☐
							☐
							☐
							☐
							☐
							☐
							☐
							☐
							☐
							☐
							☐
							☐
							☐
							☐
							☐
							☐
							☐

SCRIPT PAGE _____

SCENE _____

LOCATION _____

CHARACTERS _____

_____

_____

_____

SHOT NO	FRAME SIZE	ANGLE	LENS	INT/ EXT	TIME OF DAY	ACTION DESCRIPTION	
							☐
							☐
							☐
							☐
							☐
							☐
							☐
							☐
							☐
							☐
							☐
							☐
							☐
							☐
							☐
							☐
							☐
							☐
							☐

SCRIPT PAGE _____

SCENE _____

LOCATION _____

_____

CHARACTERS _____

_____

_____

_____

SHOT NO	FRAME SIZE	ANGLE	LENS	INT/ EXT	TIME OF DAY	ACTION DESCRIPTION	
							☐
							☐
							☐
							☐
							☐
							☐
							☐
							☐
							☐
							☐
							☐
							☐
							☐
							☐
							☐
							☐
							☐
							☐
							☐

SCRIPT PAGE _____

SCENE _____

LOCATION _____

CHARACTERS _____

_____

_____

_____

SHOT NO	FRAME SIZE	ANGLE	LENS	INT/ EXT	TIME OF DAY	ACTION DESCRIPTION	
							☐
							☐
							☐
							☐
							☐
							☐
							☐
							☐
							☐
							☐
							☐
							☐
							☐
							☐
							☐
							☐
							☐
							☐

SCRIPT PAGE _____

SCENE _____

LOCATION _____

_____

CHARACTERS _____

_____

_____

_____

SHOT NO	FRAME SIZE	ANGLE	LENS	INT/ EXT	TIME OF DAY	ACTION DESCRIPTION	
							☐
							☐
							☐
							☐
							☐
							☐
							☐
							☐
							☐
							☐
							☐
							☐
							☐
							☐
							☐
							☐
							☐
							☐

SCRIPT PAGE _____

SCENE _____

LOCATION _____

CHARACTERS _____

_____

_____

_____

SHOT NO	FRAME SIZE	ANGLE	LENS	INT/ EXT	TIME OF DAY	ACTION DESCRIPTION	
							☐
							☐
							☐
							☐
							☐
							☐
							☐
							☐
							☐
							☐
							☐
							☐
							☐
							☐
							☐
							☐
							☐
							☐
							☐

SCRIPT PAGE _____

SCENE _____

LOCATION _____

CHARACTERS _____

SHOT NO	FRAME SIZE	ANGLE	LENS	INT/ EXT	TIME OF DAY	ACTION DESCRIPTION	
							☐
							☐
							☐
							☐
							☐
							☐
							☐
							☐
							☐
							☐
							☐
							☐
							☐
							☐
							☐
							☐
							☐
							☐

SCRIPT PAGE _____

SCENE _____

LOCATION _____

_____

CHARACTERS _____

_____

_____

_____

SHOT NO	FRAME SIZE	ANGLE	LENS	INT/ EXT	TIME OF DAY	ACTION DESCRIPTION	
							☐
							☐
							☐
							☐
							☐
							☐
							☐
							☐
							☐
							☐
							☐
							☐
							☐
							☐
							☐
							☐
							☐

SCRIPT PAGE

SCENE

LOCATION

CHARACTERS

SHOT NO	FRAME SIZE	ANGLE	LENS	INT/ EXT	TIME OF DAY	ACTION DESCRIPTION	
							☐
							☐
							☐
							☐
							☐
							☐
							☐
							☐
							☐
							☐
							☐
							☐
							☐
							☐
							☐
							☐
							☐

SCRIPT PAGE _____

SCENE _____

LOCATION _____

_____

CHARACTERS _____

_____

_____

_____

SHOT NO	FRAME SIZE	ANGLE	LENS	INT/ EXT	TIME OF DAY	ACTION DESCRIPTION	
							☐
							☐
							☐
							☐
							☐
							☐
							☐
							☐
							☐
							☐
							☐
							☐
							☐
							☐
							☐
							☐
							☐

SCRIPT PAGE _____

SCENE _____

LOCATION _____

_____

CHARACTERS _____

_____

_____

_____

_____

SHOT NO	FRAME SIZE	ANGLE	LENS	INT/ EXT	TIME OF DAY	ACTION DESCRIPTION	
							☐
							☐
							☐
							☐
							☐
							☐
							☐
							☐
							☐
							☐
							☐
							☐
							☐
							☐
							☐
							☐
							☐
							☐
							☐

SCRIPT PAGE _____

SCENE _____

LOCATION _____

_____

CHARACTERS _____

_____

_____

_____

SHOT NO	FRAME SIZE	ANGLE	LENS	INT/ EXT	TIME OF DAY	ACTION DESCRIPTION	
							☐
							☐
							☐
							☐
							☐
							☐
							☐
							☐
							☐
							☐
							☐
							☐
							☐
							☐
							☐
							☐
							☐
							☐

SCRIPT PAGE _____

SCENE _____

LOCATION _____

_____

CHARACTERS _____

_____

_____

_____

SHOT NO	FRAME SIZE	ANGLE	LENS	INT/ EXT	TIME OF DAY	ACTION DESCRIPTION	
							☐
							☐
							☐
							☐
							☐
							☐
							☐
							☐
							☐
							☐
							☐
							☐
							☐
							☐
							☐
							☐
							☐
							☐
							☐

SCRIPT PAGE _____

SCENE _____

LOCATION _____

_____

CHARACTERS _____

_____

_____

_____

SHOT NO	FRAME SIZE	ANGLE	LENS	INT/ EXT	TIME OF DAY	ACTION DESCRIPTION	
							☐
							☐
							☐
							☐
							☐
							☐
							☐
							☐
							☐
							☐
							☐
							☐
							☐
							☐
							☐
							☐
							☐

SCRIPT PAGE _____

SCENE _____

LOCATION _____

_____

CHARACTERS _____

_____

_____

_____

SHOT NO	FRAME SIZE	ANGLE	LENS	INT/ EXT	TIME OF DAY	ACTION DESCRIPTION	
							☐
							☐
							☐
							☐
							☐
							☐
							☐
							☐
							☐
							☐
							☐
							☐
							☐
							☐
							☐
							☐
							☐

SCRIPT PAGE _____

SCENE _____

LOCATION _____

_____

CHARACTERS _____

_____

_____

_____

SHOT NO	FRAME SIZE	ANGLE	LENS	INT/ EXT	TIME OF DAY	ACTION DESCRIPTION	
							☐
							☐
							☐
							☐
							☐
							☐
							☐
							☐
							☐
							☐
							☐
							☐
							☐
							☐
							☐
							☐
							☐
							☐

SCRIPT PAGE _____

SCENE _____

LOCATION _____

CHARACTERS _____

SHOT NO	FRAME SIZE	ANGLE	LENS	INT/ EXT	TIME OF DAY	ACTION DESCRIPTION	
							☐
							☐
							☐
							☐
							☐
							☐
							☐
							☐
							☐
							☐
							☐
							☐
							☐
							☐
							☐
							☐
							☐
							☐

SCRIPT PAGE _____

SCENE _____

LOCATION _____

_____

CHARACTERS _____

_____

_____

_____

SHOT NO	FRAME SIZE	ANGLE	LENS	INT/ EXT	TIME OF DAY	ACTION DESCRIPTION	
							☐
							☐
							☐
							☐
							☐
							☐
							☐
							☐
							☐
							☐
							☐
							☐
							☐
							☐
							☐
							☐
							☐
							☐
							☐

SCRIPT PAGE _____

SCENE _____

LOCATION _____

_____

CHARACTERS _____

_____

_____

_____

SHOT NO	FRAME SIZE	ANGLE	LENS	INT/ EXT	TIME OF DAY	ACTION DESCRIPTION	
							☐
							☐
							☐
							☐
							☐
							☐
							☐
							☐
							☐
							☐
							☐
							☐
							☐
							☐
							☐
							☐
							☐
							☐
							☐

SCRIPT PAGE _____

SCENE _____

LOCATION _____

_____

CHARACTERS _____

_____

_____

_____

SHOT NO	FRAME SIZE	ANGLE	LENS	INT/ EXT	TIME OF DAY	ACTION DESCRIPTION	
							☐
							☐
							☐
							☐
							☐
							☐
							☐
							☐
							☐
							☐
							☐
							☐
							☐
							☐
							☐
							☐
							☐
							☐
							☐

SCRIPT PAGE _____

SCENE _____

LOCATION _____

CHARACTERS _____

_____

_____

_____

SHOT NO	FRAME SIZE	ANGLE	LENS	INT/ EXT	TIME OF DAY	ACTION DESCRIPTION	
							☐
							☐
							☐
							☐
							☐
							☐
							☐
							☐
							☐
							☐
							☐
							☐
							☐
							☐
							☐
							☐
							☐

SCRIPT PAGE _____

SCENE _____

LOCATION _____

_____

CHARACTERS _____

_____

_____

_____

SHOT NO	FRAME SIZE	ANGLE	LENS	INT/ EXT	TIME OF DAY	ACTION DESCRIPTION	
							☐
							☐
							☐
							☐
							☐
							☐
							☐
							☐
							☐
							☐
							☐
							☐
							☐
							☐
							☐
							☐
							☐
							☐

SCRIPT PAGE _____

SCENE _____

LOCATION _____

CHARACTERS _____

_____

_____

_____

SHOT NO	FRAME SIZE	ANGLE	LENS	INT/ EXT	TIME OF DAY	ACTION DESCRIPTION	
							☐
							☐
							☐
							☐
							☐
							☐
							☐
							☐
							☐
							☐
							☐
							☐
							☐
							☐
							☐
							☐
							☐
							☐
							☐

SCRIPT PAGE _____

SCENE _____

LOCATION _____

_____

CHARACTERS _____

_____

_____

_____

SHOT NO	FRAME SIZE	ANGLE	LENS	INT/ EXT	TIME OF DAY	ACTION DESCRIPTION	
							☐
							☐
							☐
							☐
							☐
							☐
							☐
							☐
							☐
							☐
							☐
							☐
							☐
							☐
							☐
							☐
							☐
							☐

SCRIPT PAGE

SCENE

LOCATION

CHARACTERS

SHOT NO	FRAME SIZE	ANGLE	LENS	INT/ EXT	TIME OF DAY	ACTION DESCRIPTION	
							☐
							☐
							☐
							☐
							☐
							☐
							☐
							☐
							☐
							☐
							☐
							☐
							☐
							☐
							☐
							☐
							☐
							☐

SCRIPT PAGE _____

SCENE _____

LOCATION _____

_____

CHARACTERS _____

_____

_____

_____

SHOT NO	FRAME SIZE	ANGLE	LENS	INT/ EXT	TIME OF DAY	ACTION DESCRIPTION	
							☐
							☐
							☐
							☐
							☐
							☐
							☐
							☐
							☐
							☐
							☐
							☐
							☐
							☐
							☐
							☐
							☐
							☐

SCRIPT PAGE _____

SCENE _____

LOCATION _____

CHARACTERS _____

_____

_____

_____

SHOT NO	FRAME SIZE	ANGLE	LENS	INT/ EXT	TIME OF DAY	ACTION DESCRIPTION	
							☐
							☐
							☐
							☐
							☐
							☐
							☐
							☐
							☐
							☐
							☐
							☐
							☐
							☐
							☐
							☐
							☐
							☐
							☐

SCRIPT PAGE

SCENE

LOCATION

CHARACTERS

SHOT NO	FRAME SIZE	ANGLE	LENS	INT/ EXT	TIME OF DAY	ACTION DESCRIPTION	
							☐
							☐
							☐
							☐
							☐
							☐
							☐
							☐
							☐
							☐
							☐
							☐
							☐
							☐
							☐
							☐
							☐
							☐
							☐

SCRIPT PAGE

SCENE

LOCATION

CHARACTERS

61

SHOT NO	FRAME SIZE	ANGLE	LENS	INT/ EXT	TIME OF DAY	ACTION DESCRIPTION	
							☐
							☐
							☐
							☐
							☐
							☐
							☐
							☐
							☐
							☐
							☐
							☐
							☐
							☐
							☐
							☐
							☐
							☐
							☐

SCRIPT PAGE _____

SCENE _____

LOCATION _____

_____

CHARACTERS _____

_____

_____

_____

SHOT NO	FRAME SIZE	ANGLE	LENS	INT/ EXT	TIME OF DAY	ACTION DESCRIPTION	
							☐
							☐
							☐
							☐
							☐
							☐
							☐
							☐
							☐
							☐
							☐
							☐
							☐
							☐
							☐
							☐
							☐
							☐

SCRIPT PAGE _____

SCENE _____

LOCATION _____

CHARACTERS _____

SHOT NO	FRAME SIZE	ANGLE	LENS	INT/ EXT	TIME OF DAY	ACTION DESCRIPTION	
							☐
							☐
							☐
							☐
							☐
							☐
							☐
							☐
							☐
							☐
							☐
							☐
							☐
							☐
							☐
							☐
							☐
							☐

SCRIPT PAGE _____

SCENE _____

LOCATION _____

_____

CHARACTERS _____

_____

_____

_____

SHOT NO	FRAME SIZE	ANGLE	LENS	INT/ EXT	TIME OF DAY	ACTION DESCRIPTION	
							☐
							☐
							☐
							☐
							☐
							☐
							☐
							☐
							☐
							☐
							☐
							☐
							☐
							☐
							☐
							☐
							☐

SCRIPT PAGE _____

SCENE _____

LOCATION _____

_____

CHARACTERS _____

_____

_____

_____

SHOT NO	FRAME SIZE	ANGLE	LENS	INT/ EXT	TIME OF DAY	ACTION DESCRIPTION	
							☐
							☐
							☐
							☐
							☐
							☐
							☐
							☐
							☐
							☐
							☐
							☐
							☐
							☐
							☐
							☐
							☐
							☐

SCRIPT PAGE _____

SCENE _____

LOCATION _____

_____

CHARACTERS _____

_____

_____

_____

SHOT NO	FRAME SIZE	ANGLE	LENS	INT/ EXT	TIME OF DAY	ACTION DESCRIPTION	
							☐
							☐
							☐
							☐
							☐
							☐
							☐
							☐
							☐
							☐
							☐
							☐
							☐
							☐
							☐
							☐
							☐
							☐
							☐
							☐

SCENE

LOCATION

CHARACTERS

SHOT NO	FRAME SIZE	ANGLE	LENS	INT/EXT	TIME OF DAY	ACTION DESCRIPTION	
							☐
							☐
							☐
							☐
							☐
							☐
							☐
							☐
							☐
							☐
							☐
							☐
							☐
							☐
							☐
							☐
							☐
							☐
							☐

SCRIPT PAGE _____

SCENE _____

LOCATION _____

_____

CHARACTERS _____

_____

_____

_____

SHOT NO	FRAME SIZE	ANGLE	LENS	INT/ EXT	TIME OF DAY	ACTION DESCRIPTION	
							☐
							☐
							☐
							☐
							☐
							☐
							☐
							☐
							☐
							☐
							☐
							☐
							☐
							☐
							☐
							☐
							☐
							☐

SCRIPT PAGE _____

SCENE _____

LOCATION _____

_____

CHARACTERS _____

_____

_____

_____

SHOT NO	FRAME SIZE	ANGLE	LENS	INT/ EXT	TIME OF DAY	ACTION DESCRIPTION	
							☐
							☐
							☐
							☐
							☐
							☐
							☐
							☐
							☐
							☐
							☐
							☐
							☐
							☐
							☐
							☐
							☐
							☐

SCRIPT PAGE _____

SCENE _____

LOCATION _____

_____

CHARACTERS _____

_____

_____

_____

SHOT NO	FRAME SIZE	ANGLE	LENS	INT/ EXT	TIME OF DAY	ACTION DESCRIPTION	
							☐
							☐
							☐
							☐
							☐
							☐
							☐
							☐
							☐
							☐
							☐
							☐
							☐
							☐
							☐
							☐
							☐
							☐

SCRIPT PAGE

SCENE

LOCATION

CHARACTERS

SHOT NO	FRAME SIZE	ANGLE	LENS	INT/ EXT	TIME OF DAY	ACTION DESCRIPTION	
							☐
							☐
							☐
							☐
							☐
							☐
							☐
							☐
							☐
							☐
							☐
							☐
							☐
							☐
							☐
							☐
							☐

SCRIPT PAGE _____

SCENE _____

LOCATION _____

_____

CHARACTERS _____

_____

_____

_____

SHOT NO	FRAME SIZE	ANGLE	LENS	INT/EXT	TIME OF DAY	ACTION DESCRIPTION	
							☐
							☐
							☐
							☐
							☐
							☐
							☐
							☐
							☐
							☐
							☐
							☐
							☐
							☐
							☐
							☐
							☐
							☐
							☐

SCRIPT PAGE _____

SCENE _____

LOCATION _____

_____

CHARACTERS _____

_____

_____

_____

SHOT NO	FRAME SIZE	ANGLE	LENS	INT/ EXT	TIME OF DAY	ACTION DESCRIPTION	
							☐
							☐
							☐
							☐
							☐
							☐
							☐
							☐
							☐
							☐
							☐
							☐
							☐
							☐
							☐
							☐
							☐
							☐
							☐

SCRIPT PAGE _____

SCENE _____

LOCATION _____

_____

CHARACTERS _____

_____

_____

_____

SHOT NO	FRAME SIZE	ANGLE	LENS	INT/EXT	TIME OF DAY	ACTION DESCRIPTION	
							☐
							☐
							☐
							☐
							☐
							☐
							☐
							☐
							☐
							☐
							☐
							☐
							☐
							☐
							☐
							☐
							☐
							☐
							☐

SCRIPT PAGE _____

SCENE _____

LOCATION _____

_____

CHARACTERS _____

_____

_____

_____

SHOT NO	FRAME SIZE	ANGLE	LENS	INT/ EXT	TIME OF DAY	ACTION DESCRIPTION	
							☐
							☐
							☐
							☐
							☐
							☐
							☐
							☐
							☐
							☐
							☐
							☐
							☐
							☐
							☐
							☐
							☐
							☐
							☐

SCRIPT PAGE _____

SCENE _____

LOCATION _____

_____

CHARACTERS _____

_____

_____

_____

SHOT NO	FRAME SIZE	ANGLE	LENS	INT/ EXT	TIME OF DAY	ACTION DESCRIPTION	
							☐
							☐
							☐
							☐
							☐
							☐
							☐
							☐
							☐
							☐
							☐
							☐
							☐
							☐
							☐
							☐
							☐
							☐

SCRIPT PAGE

SCENE

LOCATION

CHARACTERS

SHOT NO	FRAME SIZE	ANGLE	LENS	INT/ EXT	TIME OF DAY	ACTION DESCRIPTION	
							☐
							☐
							☐
							☐
							☐
							☐
							☐
							☐
							☐
							☐
							☐
							☐
							☐
							☐
							☐
							☐
							☐
							☐

SCRIPT PAGE _____

SCENE _____

LOCATION _____

CHARACTERS _____

_____

_____

_____

SHOT NO	FRAME SIZE	ANGLE	LENS	INT/ EXT	TIME OF DAY	ACTION DESCRIPTION	
							☐
							☐
							☐
							☐
							☐
							☐
							☐
							☐
							☐
							☐
							☐
							☐
							☐
							☐
							☐
							☐
							☐
							☐
							☐

SCRIPT PAGE

SCENE

LOCATION

CHARACTERS

SHOT NO	FRAME SIZE	ANGLE	LENS	INT/ EXT	TIME OF DAY	ACTION DESCRIPTION	
							☐
							☐
							☐
							☐
							☐
							☐
							☐
							☐
							☐
							☐
							☐
							☐
							☐
							☐
							☐
							☐
							☐
							☐
							☐

SCRIPT PAGE _____

SCENE _____

LOCATION _____

_____

CHARACTERS _____

_____

_____

_____

SHOT NO	FRAME SIZE	ANGLE	LENS	INT/ EXT	TIME OF DAY	ACTION DESCRIPTION	
							☐
							☐
							☐
							☐
							☐
							☐
							☐
							☐
							☐
							☐
							☐
							☐
							☐
							☐
							☐
							☐
							☐
							☐

www.summerisleonline.com

Made in the USA
Las Vegas, NV
20 March 2024